BEI GRIN MACHT SICH IHR WISSEN BEZAHLT

- Wir veröffentlichen Ihre Hausarbeit, Bachelor- und Masterarbeit

- Ihr eigenes eBook und Buch - weltweit in allen wichtigen Shops

- Verdienen Sie an jedem Verkauf

Jetzt bei www.GRIN.com hochladen
und kostenlos publizieren

Bibliografische Information der Deutschen Nationalbibliothek:

Die Deutsche Bibliothek verzeichnet diese Publikation in der Deutschen National-
bibliografie; detaillierte bibliografische Daten sind im Internet über http://dnb.d-
nb.de/ abrufbar.

Dieses Werk sowie alle darin enthaltenen einzelnen Beiträge und Abbildungen
sind urheberrechtlich geschützt. Jede Verwertung, die nicht ausdrücklich vom
Urheberrechtsschutz zugelassen ist, bedarf der vorherigen Zustimmung des Verla-
ges. Das gilt insbesondere für Vervielfältigungen, Bearbeitungen, Übersetzungen,
Mikroverfilmungen, Auswertungen durch Datenbanken und für die Einspeicherung
und Verarbeitung in elektronische Systeme. Alle Rechte, auch die des auszugsweisen
Nachdrucks, der fotomechanischen Wiedergabe (einschließlich Mikrokopie) sowie
der Auswertung durch Datenbanken oder ähnliche Einrichtungen, vorbehalten.

Impressum:

Copyright © 2010 GRIN Verlag, Open Publishing GmbH
Druck und Bindung: Books on Demand GmbH, Norderstedt Germany
ISBN: 9783640593064

Carolin Hildebrandt

Doris May Lessing. Betrachtungen zum Vorwort des "Goldenen Notizbuches"

GRIN Verlag

GRIN - Your knowledge has value

Der GRIN Verlag publiziert seit 1998 wissenschaftliche Arbeiten von Studenten, Hochschullehrern und anderen Akademikern als eBook und gedrucktes Buch. Die Verlagswebsite www.grin.com ist die ideale Plattform zur Veröffentlichung von Hausarbeiten, Abschlussarbeiten, wissenschaftlichen Aufsätzen, Dissertationen und Fachbüchern.

Besuchen Sie uns im Internet:

http://www.grin.com/

http://www.facebook.com/grincom

http://www.twitter.com/grin_com

Inhaltsverzeichnis

Coverbild: pixabay.com

1. Doris May Lessing:

1.1 Biographie:

Die Schriftstellerin Doris Lessing wurde als Doris May Tayler am 22. Oktober 1919 in Kermanschah in Persien geboren und wuchs auf einer Farm im ehemaligen Rhodesien, heutigem Simbabwe auf. Ihre Eltern stammten aus England und hatten sich im Ersten Weltkrieg kennengelernt. Lessings Mutter arbeitete als Krankenschwester und behandelte unter anderem auch den verkrüppelten Soldaten Alfred, den sie schließlich aus Mitleid mit ihm, aber auch mit sich selbst, weil ihr Freund im Krieg gefallen war, heiratete. Im Jahre 1924 versuchte die Familie ihr Glück in England, scheiterte jedoch sehr schnell und kehrte bald nach Simbabwe zurück. Dort begann der Vater als Maisanbauer zu arbeiten, was jedoch weder Erfolg noch Geld einbrachte. Die Familie stand nunmehr am Rande des Ruins, und Doris Lessing bekam zu spüren, dass ihre Mutter alle Enttäuschung auf sie projizierte, während dem Sohn Harry alle Liebe gebührte. Dieses distanzierte Verhältnis zur Mutter spielt in Lessings Leben eine große Rolle: Es begann damit, dass sich die Eltern einen Sohn gewünscht hatten und sich nicht einmal einen Namen für ihre Tochter überlegten, sodass der Vorschlag des Arztes „Doris" hingenommen wurde. Schließlich konnte Lessing diese Situation nicht mehr ertragen, brach mit 14 Jahren die Schule ab und floh mit 15 Jahren nach Salisbury, wo sie sich als Schwesternhilfe versuchte. Das gespaltene Mutter-Kind-Verhältnis nimmt in ihren Werken häufig einen zentralen Punkt ein.

1938 heiratete sie den Engländer Frank Wisdom, mit dem sie zwei Kinder hatte, die jedoch nach der Scheidung im Jahr 1943 bei dem Vater blieben. Zwei Jahre später, 1945, heiratete sie erneut, den deutsch-jüdischen Gottfried Lessing, von dem sie nach der Scheidung 1949 den gemeinsamen Sohn Peter und den Nachnamen mit nach England nahm. Dort versuchte sie sich schließlich noch im gleichen Jahr als Schriftstellerin zu etablieren, was ihr mit der Novelle „The Grass is singing" („Afrikanische Tragödie") auch gelang.

Nach den zwei gescheiterten Ehen heiratete sie nicht noch einmal, hatte jedoch unzählige Affären und Liebschaften und genoss dadurch ihr Leben als ‚ungebundene Frau'. Im Jahre 1952 wurde sie Mitglied der Kommunistischen Partei, beendete jedoch diese aktive Teilnahme bald wieder, weil sie sich nicht mehr mit den Aktivitäten der Partei identifizieren konnte. Dennoch hat sie sich eine sozialistisch-kommunistische Grundhaltung beibehalten, die sie auch offen zeigt.

1.2 Werke:

Lessings Schriftstellerkarriere begann im Jahr 1949, als sie, in England angekommen, zum zweiten mal geschieden, als alleinerziehende Mutter eines Sohnes, ihre erste Novelle „The Grass is singing" („Afrikanische Tragödie") veröffentlichte. Es folgten unzählige Kurzgeschichten, sowie Romane wie „Und wieder die Liebe" aus dem Jahre 1995 und „Alfred und Emily". Im zuletzt genannten Roman, der 2008 erschien, lässt Lessing die Geschichte ihrer Eltern nochmals ablaufen, mit dem Unterschied, dass sie den Ersten Weltkrieg ungeschehen macht. Ihr größter Erfolg ist und bleibt jedoch „Das goldene Notizbuch", das 1962 erstmals erschien und bis heute als Lessings Hauptwerk gilt.

Weiterhin veröffentlichte sie die Reihen „Kinder der Gewalt" von 1952 bis 1969 und „Canopus im Argos" in den Jahren 1979 bis 1983. Doris Lessing schrieb zudem unter dem Pseudonym Jane Somers die Romane „Das Tagebuch der Jane Somers" (1983) und „Die Liebesgeschichte der Jane Somers" (1984).

1995 erschien der erste Teil ihrer Autobiographie mit dem Titel „Unter der Haut". Dieser Band umfasst ausschließlich das Jahr 1949, das durch die zweite Scheidung, den Umzug nach England und der Beginn ihrer schriftstellerischen Tätigkeiten sehr bedeutsam und entscheidend war. Der zweite Teil „Schritte im Schatten" folgte 1997 und beleuchtet die Jahre 1949 bis 1962. Über eine Fortsetzung dieser Autobiographie gibt es bisweilen keine weiteren Informationen.

1.3 Auszeichnungen:

Ich möchte mich hier auf einige wichtige Auszeichnungen beschränken und darauf hinweisen, dass Doris Lessing eine Vielzahl von Preisen erhalten hat, auf die ich nicht eingehen werde.

Im Jahre 1954 erhielt Lessing den Somerset-Maugham-Award für „Five: Short Novels". Es folgten der Österreichische Staatspreis für Europäische Literatur 1981, der Shakespeare-Preis der Alfred-Toepfer-Stiftung 1982 und der David-Cohen-British-Literary-Prize 2001. Doch all diese (erwähnten und unerwähnten) Auszeichnungen sind lediglich Ziersteine, wenn man bedenkt, dass Doris Lessing im Jahr 2007 den Nobelpreis für Literatur erhalten hat, worauf sie in ihrer ironisch-sarkastischen Art mit einem gewissen Vorwurf hinsichtlich der plötzlichen Anerkennung ihrer Werke reagierte: „Nun haben sie entschieden, ihn mir zu verleihen. Warum? Warum mögen sie mich jetzt mehr als vorher? [...] Sie können den

Nobelpreis keinem Toten geben. Deshalb haben sie wahrscheinlich gedacht, ihn mir besser jetzt zu geben, bevor ich abkratze."[1]

2. „Das Goldene Notizbuch":

2.1 Form und Inhalt:

Der Roman „Das Goldene Notizbuch", der 1962 veröffentlicht wurde, besteht aus zehn Kapiteln, die abwechselnd die Titel „Ungebundene Frauen" und „Die Notizbücher" tragen, wobei das letzte Kapitel „Das Goldene Notizbuch" ist. Die Teile „Ungebundene Frauen" könnten, so Lessing im 1972 nachgetragenen Vorwort zum Buche, einen eigenständigen Roman bilden, der sich um die Geschichte der Protagonistinnen Anna Wulf und Molly Jacobs dreht. Die beiden Frauen sind in den Vierzigern, politisch engagiert und waren früher aktive Mitglieder der kommunistischen Partei. Sie sind geschieden, intellektuell, emanzipiert und haben je ein Kind. Zu Beginn des Romans herrscht die folgende Situation: Molly ist gerade nach London zurückgekehrt, nachdem sie ein Jahr lang durch Europa reiste, um sich allen Vergnügungen und Genüssen des Lebens hinzugeben. Von ihrer Freundin Anna erfährt sie, was in ihrer Abwesenheit passiert ist, so zum Beispiel von der Affäre, die Anna beinahe mit Mollys Exmann Richard begonnen hätte. Die ehemalige Tänzerin und Schauspielerin Molly treibt im Folgenden Anna dazu an, ein weiteres Buch zu schreiben und ihr Talent nicht zu vergeuden. Anna, ihrerseits Schriftstellerin, hat bisher nur einen Roman mit dem Titel „Frontiers of War" veröffentlicht, der sich jedoch so gut verkauft hat, dass sie noch immer recht gut davon leben kann. Zum Zeitpunkt der Geschichte führt Anna vier Notizbücher, die sie farblich und thematisch voneinander abgrenzen muss, um sich nicht dem Chaos, der Formlosigkeit[2] zu ergeben.

> Ich führe vier Notizbücher, ein schwarzes Notizbuch, das von Anna Wulf, der Schriftstellerin handelt; ein rotes Notizbuch, das Politik betrifft; ein gelbes Notizbuch, in dem ich aus dem, was ich erlebt habe, Geschichten mache; und ein blaues Notizbuch, das den Versuch eines Tagebuchs vorstellt.[3]

Es existieren zwei Erzählerinstanzen: Zum einen Anna Wulf als Ich-Erzählerin, die vorrangig auftritt, und zum anderen einen externen Erzähler, der zwischen den Passagen der Notizbücher hervortritt, um das scheinbar chaotische Gekritzel Annas zu beschreiben. Der Erzählstil ist durch Annas Sichtweise beeinflusst, sehr persönlich, gefühlvoll, aufmerksam und auch ironisch, was mit der Beschaffenheit des Charakters der Protagonistin identisch ist.

---

[1] Borcholte, Andreas: "Warum mögen sie mich jetzt mehr als vorher?" Lessings Reaktion.
http://www.spiegel.de/kultur/literatur/0,1518,510965,00.html (28.11.2009)
[2] Lessing, Doris: Das Goldene Notizbuch. S. 7.
[3] Ebd. S.

So werden scheinbare Unwichtigkeiten, wie die Art und Weise der anderen Figuren, die Hände zu bewegen, zu falten und einzusetzen, ein zentraler Punkt in der Erzählung, auf den Anna stets besonderes Augenmerk legt und in Verbindung mit den Gedanken und Gefühlen bringt.[4]

2.2 Zum Vorwort:

In dem 1972 nachgetragenen Vorwort beschreibt Doris Lessing zunächst den Aufbau des Romans, indem sie festlegt, dass es einen „Rahmen"[5] gibt, der von den Kapiteln „Ungebundene Frauen" gebildet wird und eine eigene konventionelle Geschichte darstellt. Durch die Passagen der Notizbücher kommt eine Unterteilung zustande, die sich auf die Entwicklung der Gedanken, die Anna in jenen tagebuchähnlichen Schriften verfasst, stützt. Das zentrale Thema des Romans ist, so Lessing[6], der Zusammenbruch auf ganz verschiedenen Ebenen. Zum einen brechen die Notizbücher gegen Ende zusammen, indem Anna einen Strich durch alle zieht und anschließend aus den Fragmenten der „alten" Bücher zusammen mit Saul Green, etwas Neues, das goldene Notizbuch erschaffen kann. Dieses Ereignis stellt zugleich Annas persönlichen Zusammenbruch dar, da sie wie eine Geisteskranke erscheint und unter dem Deckmantel des Wahns kann das Neue, Unbekannte, Fremdartige, was sie mit dem goldenen Notizbuch erschafft, leichter akzeptiert und etabliert werden. Lessing kritisiert in ihrem Vorwort, dass dieser zentrale Aspekt des Zusammenbruchs ebenso wenig beachtet beziehungsweise bemerkt wurde, wie die Essenz des Romans, das goldene Notizbuch. Die Leser, Kritiker und Rezensenten fokussieren sich vielmehr auf ein einzelnes Thema wie ausschließlich den Feminismus, ausschließlich die Politik oder ausschließlich der Aspekt der Geisteskrankheit. Auf die feministische Lesart geht Lessing im Folgenden noch genauer ein, da „Das Goldene Notizbuch" als Manifest der Frauenbewegung gilt, was jedoch nie der Absicht der Autorin entsprach. Zwar befürwortet Lessing eindeutig die Befreiung der Frauen aus dem System männlicher Vorherrschaft, sowie das emanzipierte, selbstbewusste und selbstbestimmte Leben und Handeln aller Frauen, „aber dieser Roman war keine Posaune für Woman's Liberation."[7]. Vielmehr konnte der Roman diese Rolle gar nicht einnehmen, da, wie die Schriftstellerin weiter erklärt, die Frauenemanzipation zu dem Zeitpunkt der Veröffentlichung des Buches noch gar nicht so vorangeschritten und für die Öffentlichkeit aufbereitet war, dass man davon sprechen könnte, dass in „Das Goldene Notizbuch" die Forderungen, Wünsche und Ideen dieser Bewegung vereint seien. „Dieses Buch wurde

---

[4] Vgl. Ebd. S. 75.
[5] Lessing, Doris: Das Goldene Notizbuch. S. 7.
[6] Vgl. Ebd. S. 8.
[7] Ebd. S. 9.

geschrieben, als ob die Verhaltensweisen, die durch die Frauenbewegung entstanden, bereits existieren.[8] Daraus leitet Doris Lessing zugleich eine Erklärung für die anfängliche Skepsis und Ablehnung des Buches ab.

1962 galt man in einer Welt, die von Männern bestimmt, regiert und gestaltet wurde, augenblicklich als „unweibliche"[9] „Männerhasserin"[10], wenn man einer Frau egal in welcher Art und Weise, Rechte zuschrieb, die ein selbstbestimmtes Verhalten zuließen. Dementsprechend galt auch Lessing als Männerhasserin und wurde erst im Laufe der Jahre, in der sich die Frauenemanzipation vollzog und entwickelte, anerkannt und angesehen. Dieses Phänomen sucht die Autorin im Vorwort selbst zu ergründen, indem sie feststellt, dass die Frauenbewegung noch im Grundstadium der Entwicklung steckte, als „Das Goldene Notizbuch" veröffentlicht wurde, wodurch der Roman gewisse gesellschaftliche Entwicklungen voraussetzte und als gegeben illustrierte, für die das Publikum noch nicht bereit war.

> Einige Bücher werden nicht in der richtigen Weise gelesen, weil sie eine Stufe der Meinungsbildung übersprungen haben, eine Kristallisation von Information in der Gesellschaft voraussetzen, die noch nicht stattgefunden hat.[11]

In Zusammenhang mit der weiteren Lektüre des Romans wird deutlich, dass Doris Lessing in der Aufgabe der Literatur ein Vorwegnehmen, Vorbereiten möglicher gesellschaftlicher Entwicklungen sieht, auch wenn dadurch gewisse Aspekte erst später ‚richtig' verstanden werden können. So schreibt Anna Wulf in ihrem schwarzen Notizbuch beispielsweise:

> … er [der Roman] ist ein Vorposten des Journalismus geworden; wir lesen Romane, weil wir uns über Bereiche des Lebens informieren wollen, die wir nicht kennen […] Wir lesen, *um herauszufinden, was los ist.* […] die Qualität […], durch die ein Roman erst zum Roman wird – die Qualität der Philosophie [fehlt].[12]

Lessings Anliegen ist es insofern nicht, bloße Dokumentationen zu verfassen über die Situation, die bereits herrscht oder schon wieder vergangen ist, sondern vielmehr liegt ihre Intention beim Schreiben darin, einen Ausblick darauf zu geben, wie es sein könnte, zu zeigen, was zu ändern ist, was schief läuft. Letzteres ist eben diese „Qualität der Philosophie"[13], die so vielen zeitgenössischen Büchern verloren gegangen ist, und doch gleichzeitig das ist, was die Menschen an Literatur fasziniert. Durch Reflexion zu einer

---

[8] Ebd. S. 10.
[9] Ebd. S. 9.
[10] Ebd.
[11] Ebd. S. 10.
[12] Ebd. S. 100 f.
[13] Ebd.

Erkenntnis zu gelangen, die gleich, ob sie essenziell für die gesamte Menschheit oder ein Anstoß für die persönliche Situation ist, immer etwas Wertvolles darstellt.

Ein weiterer Punkt im Vorwort ist die Skizzierung von Lessings Schaffensprozess und den Erkenntnissen, die sie während des Schreibens erlangt hat. So erklärt sie, warum nur London als Schauplatz in Frage kam, nämlich weil „es nicht möglich war, einen Roman zu finden, der das intellektuelle und moralische Klima […] in England beschreibt […]"[14], und weiter weshalb die Protagonistin Schriftstellerin und Kommunistin sein musste. „[…] um das ideologische >Klima< unserer Jahrhunderthälfte zu vermitteln, müsse der Schauplatz unter die Marxisten und Sozialisten verlegt werden, denn gerade [dort] haben die großen Auseinandersetzungen unserer Zeit stattgefunden."[15] Auch wenn Lessing fast resignierend eingesteht, dass der Kommunismus und der Sozialismus „absorbiert"[16] wurden im Laufe der Zeit, ist doch offensichtlich, dass die marxistischen Ideen das größte Entwicklungspotenzial für die Protagonistin zur Verfügung stellen. Der Marxismus, in seinen reinen Grundzügen, stellte radikale Forderungen und war „>gegen den Strich<"[17], ebenso wie Lessing ihre Hauptfigur im Ganzen konzipierte. Anna Wulf ist nicht bloß Schriftstellerin, sondern eine Schriftstellerin mit einem „Block"[18]. Doris Lessing erklärt, dass das Motiv des Künstlers eine Zeit lang von nahezu jedem Autor verwendet wurde, die erstere allesamt als die großen Vorbilder darstellten. Das lag fernab von Lessings Intention. Sie wollte vielmehr eine künstlerische Figur schaffen, die nicht heroisch daher kommt, sondern ganz bewusst aufzeigt, dass ihr die Diskrepanz zwischen sich als Individuum und den „überwältigenden Problemen von Krieg, Hunger, Armut"[19] zu schaffen macht und zweifeln lässt, sowohl an sich selbst, als auch an dem gesamten System. Die Erkenntnis, von der Doris Lessing berichtet, entspringt der Forderung kommunistischer Literaturkritiker, nicht subjektiv zu schreiben. Es ist offensichtlich, dass Lessing versuchte, dieser Forderung nachzugehen, doch sie muss ebenso wie ihre Protagonistin Anna erkennen, dass Kunst immer stark subjektiv ist, und dass die >unbedeutenden persönlichen Probleme<[20] eben gar nicht so unbedeutend und persönlich sind, denn „[…] nichts [ist] in dem Sinne persönlich, daß es ausschließlich das Eigene ist."[21] Es gibt beispielsweise nicht nur einen einzigen Menschen auf der Welt, der sich fühlt, als hätte er eintausend Schmetterlinge im Bauch, wenn er verliebt ist,

---

[14] Lessing, Doris: Das Goldene Notizbuch. S. 12.
[15] Ebd. S. 12 f.
[16] Ebd. S. 13.
[17] Ebd.
[18] Ebd.
[19] Ebd. S. 14.
[20] Ebd. S. 15.
[21] Ebd.

sondern genau dieses Gefühl kennt ziemlich jede Person, weshalb es vollkommen legitim ist, Romane über solch scheinbar subtile Probleme (die das Verliebtsein ja meist mit sich bringt) zu schreiben, und eben nicht ständig über die Ungerechtigkeit in der Welt und die Macht des Proletariats zu philosophieren.

Nachdem Lessing nun gewisse Zusammenhänge er- und geklärt hat, die für den Leseprozess hilfreich sind und einen erweiterten Blick auf die Geschehnisse des Romans gewähren, kritisiert sie das Schul- und Universitätssystem, sowie das Kritikerwesen. Es werde eine Meinungsbildung geschaffen und etabliert, die sich auf das beschränkt, was die ‚ausgebildeten' Kritiker - ausgebildet in dem Sinne, dass man sie lehrte, Kritik als Fehlersuche zu sehen und zu betreiben[22] - zu einem Buch meinen beziehungsweise was Bewertungsinstanzen wie Professoren und Lehrer hören, sehen und lesen wollen, und was nicht[23].

> Es gibt nur eine Art, Bücher zu lesen, nämlich die, [...] Bücher mitzunehmen, die einen interessieren, und nur die zu lesen [...] und niemals, niemals etwas zu lesen, weil man glaubt, man müßte [...] Denk daran, daß das Buch, das dich langweilt, wenn du zwanzig oder dreißig bist, eine Offenbarung sein kann, wenn du vierzig oder fünfzig bist- und umgekehrt. Lies kein Buch, wenn nicht die Zeit dafür gekommen ist.[24]

Entscheidend beim Lesen ist hiernach eindeutig, zu welchen Erkenntnissen das Individuum gelangen kann. Man soll sich keine Pflichtlektüre oktroyieren lassen, sondern nur den Büchern seine ungeteilte Aufmerksamkeit schenken, die einen interessieren, fesseln und bilden, in welcher Art und Weise es eben für jede Einzelperson nützlich sei. Ein klassischer Literaturkanon in der Schule bewirkt folglich genau das Gegenteil. Kindern werden Werke der Weltliteratur aufgezwungen, für die die meisten Schüler noch gar kein Verständnis haben, wodurch vielen die Lust am Lesen, am eigenständigen Entdecken (und Verstehen) von Geschichten genommen werden. Auf den letzten Punkt, das Verstehen von Texten geht Lessing im Weiteren noch genauer ein und gibt in diesem Zuge Hinweise auf eine angebrachte Textinterpretation.

2.3 Textinterpretation nach Lessing:

Es wurde bereits gezeigt, dass Doris Lessing der Meinung ist, dass es für jedes Buch eine bestimmte Zeit gibt, in dem Sinne, dass der jeweilige Leser eine gewisse Reife und einen mehr oder weniger komplexen Leserhorizont, der mit dem Begriff des Vorverständis von

---

[22] Lessing, Doris: Das Goldene Notizbuch. S. 22.
[23] Ebd. S. 21.
[24] Ebd. S. 22.

Gadamer[25] vergleichbar ist, ausgebildet haben sollte, um einem Buch die Möglichkeit zu eröffnen, eine Offenbarung, ein Lebensbegleiter zu sein und Erkenntnisse zu schaffen.

Einen zentralen Hinweis auf eine von Lessing bevorzugte Textinterpretation findet man in dem Standardschreiben an Studenten, die Hausarbeiten über ihre Bücher schreiben.

> Lieber Student. Du bist verrückt. Warum Monate und Jahre damit zubringen, Tausende von Wörtern über ein einziges Buch oder selbst einen einzigen Schriftsteller zu schreiben, wenn es Hunderte von Büchern gibt, die darauf warten gelesen zu werden. Du begreifst nicht, dass du Opfer eines schädlichen Systems bist. […] warum liest du dann nicht, was ich geschrieben habe und wirst dir klar über das, was Du denkst, und prüfst es anhand Deines eigenen Lebens, Deiner eigenen Erfahrung. Kümmere dich nicht um Professor Schwarz und Weiß.[26]

Zunächst lehnt Lessing grundsätzlich die Textinterpretation anhand von Sekundärliteratur strikt ab. Warum sollte man sich auch ‚Monate und Jahre‘ damit beschäftigen, wie ein anderer das Buch gelesen und interpretiert hat? Die Meinung der anderen kann uns vollkommen egal sein, denn der persönliche Leserhorizont, der durch individuelle Erfahrungen geprägt ist, beeinflusst unsere Erkenntnisse und unser Leseverhalten, und ist deshalb die einzige maßgebende Instanz im Prozess der Interpretation. Diese Ansichten wirken zunächst sehr radikal und idealistisch, doch dahinter steckt die simple Forderung nach Eigenständigkeit im Denken, wie sie auch schon von Immanuel Kant gestellt wurde: „Habe Mut, dich deines eigenen Verstandes zu bedienen."[27] Die primäre, entscheidende Lesart und Interpretation soll dem eigenen Geist entspringen und nicht die Ansichten einer anderen Person widerspiegeln, was, meines Erachtens, ein gerechtfertigtes, logisches und wichtiges Ansinnen ist. Die Auseinandersetzung mit Literaturkritik und Kritik an der Literaturkritik verdrängen ihr Fundament, nämlich die Literatur und viele finden das „ganz normal und nicht traurig und nicht lächerlich"[28].

Einen weiteren Hinweis auf Textinterpretation, oder größer, auf den Umgang mit Literatur und ihren Schöpfern, gibt Lessing indem sie mehrmals auf das Ganze verweist.

> Und dennoch sagt das Wesentliche des Buches, sein Aufbau alles darin, implizit und explizit, daß wir die Dinge nicht auseinanderdividieren dürfen, nicht in Fächer aufteilen dürfen.

---

[25] In „Die Bedeutung des Zeitabstandes" spricht Gadamer von Vorverständnis als Teil der hermeneutischen Interpretation. Jeder Leser hat
 ein Vorverständnis, das ihn und seine Interpretation prägt, weil er Teil des Überlieferungszusammenhangs ist. Wenn Lessing also von dem
 persönlichen Leserhorizont spricht, der durch individuelle Erfahrungen und Erlebnisse beeinflusst wird, kann dies durchaus mit Gadamers
 Vorverständnis verglichen werden, da auch hier das individuelle Wissen eine Rolle spielt.
[26] Lessing, Doris: Das Goldene Notizbuch. S. 21.
[27] Kant, Immanuel: Beantwortung der Frage Was ist Aufklärung? 1784.
[28] Lessing, Doris: Das Goldene Notizbuch. S. 24.

Ein Buch, ob Roman, Novelle, Drama oder Epos, etc. ist niemals losgelöst zu betrachten. Es hängt vielmehr an dem Leben des Autors, an der zeitlichen Situation, wird beeinflusst von dem Leserhorizont, sowie der öffentlichen Meinung zu den behandelten Themen allgemein und der speziellen Umsetzung.

> [...] wo ein [...] Rezensent oder Kritiker [...] der vom Werk eines Schriftstellers nicht mehr gelesen hat als das Buch, das vor ihm [...] liegt, über den fraglichen Autor - der möglicherweise fünfzehn Bücher geschrieben hat und seit zwanzig oder dreißig Jahren schreibt - [...] schreibt [...] Niemand findet das absurd ...[29]

Auch wenn jedes Buch für sich eine Offenbarung sein kann und einen eigenen, gewissermaßen unabhängigen Gehalt in sich trägt, ist doch das Ganze, der große Zusammenhang nicht zu vergessen. Es wäre beispielsweise eine unerhörte Anmaßung meinerseits, würde ich „Die Buddenbrooks" von Thomas Mann kritisieren, weil die zwischenmenschlichen Beziehungen für meinen Geschmack zu verworren und kompliziert sind, und mir auch die langen Passagen über Gegenstandsbeschreibungen missfallen, ohne mich intensiv mit allen Umständen befasst zu haben. Wäre ich jedoch in der Lage, eine konstruktive Kritik abzugeben, und zu erklären, weshalb ich die Kompliziertheit zwischen den Personen trotz des Wissens ablehne, dass die gesellschaftliche Situation zu Manns Zeit eben der Darstellung im Roman entsprach und der Autor selbst darunter zu leiden hatte, dass das soziale, angepasste Leben über das individuelle Glück gestellt wurde, und weiteren Aspekten, so würde dies von einer intensiven Auseinandersetzung mit dem Roman und dem Ganzen zeugen. Die Forderung nach dem Erkennen und Beachten des Ganzen wird ebenfalls noch einmal deutlich, als Lessing im Vorwort sagt:

> [...] es ist kein Zufall, dass ich intelligente Kritik von Leuten bekommen habe, die Marxisten waren oder gewesen sind. Sie haben erkannt, was ich versuchte. Das liegt daran, dass der Marxismus die Dinge als ein Ganzes und in Beziehung zueinander betrachtet – oder es zumindest versucht.[30]

Zunächst scheint an dieser Stelle lediglich die Rede von gesellschaftspolitischen Umständen zu sein. Doch wenn man genauer betrachtet, dass Lessing hier anführt, dass es für Marxisten „selbstverständlich [ist], daß ein Ereignis in Sibirien sich auf eins in Botswana auswirken wird."[31], kann man zu der Vermutung kommen, dass sie hier eine praktischere und komplexere Anwendung des hermeneutischen Zirkels fordert.

Wir können nicht nur in der Literatur von einem Teil auf das Ganze schließen, und dadurch wieder Rückschlüsse auf die Teile ziehen. Genauso läuft es doch eigentlich im alltäglichen

---

[29] Lessing, Doris: Das Goldene Notizbuch. S. 25.
[30] Ebd. S. 17.
[31] Lessing, Doris: Das Goldene Notizbuch. S. 17.

und auch im außergewöhnlichen Leben ab. Dadurch lernen wir schließlich, was gut und was schlecht für uns und andere ist. Ganz banal betrachtet: Wir können von dem Teil *an einem Feuerzeug spielen und verbrennen* auf das Ganze *schmerzlich und somit schlecht für Gesundheit und Leben* schließen, was uns wiederrum helfen oder warnen wird, wenn wir anschließend *an einem Lagerfeuer stehen und wissen, dass wir lieber genügend Abstand halten sollten.*

Auf den Roman „Das Goldene Notizbuch" bezogen, kann man folgendes feststellen. Man kann Doris Lessing nicht gerecht werden, wenn man bei der Lektüre des Romans, zum einen das Leben der Schriftstellerin vollkommen außer Acht lässt, das offenkundig zumindest bruchstückhaft das Buch beeinflusst hat, und zum anderen wenn man stur nur eine Sichtweise gelten lassen möchte. Der Roman ist nicht NUR feministisch, und er ist nicht NUR politisch - er vereint viele Aspekte, die es zu betrachten und gegeneinander, miteinander abzuwägen gilt.

2.4 Einordnung in das Gesamtwerk:

„Das Goldene Notizbuch" gilt bis heute als Lessings Hauptwerk und wird immer wieder als Dokument der Frauenbewegung rezensiert, obwohl die Schriftstellerin selbst sich häufiger dagegen aussprach, den Roman ausschließlich auf diese Weise zu lesen.

Dennoch nimmt der Aspekt des Feminismus in Form von intellektuellen, emanzipierten Frauen nicht nur in „Das Goldene Notizbuch", sondern auch im Gesamtwerk Lessings einen zentralen und wichtigen Punkt ein. Im behandelten Roman dahingehend, dass die Protagonistinnen Anna und Molly sich bewusst gegen die Abhängigkeiten einer Ehe entschieden haben. Sie ziehen das selbstbestimmte Künstlerleben den heimlichen Affären und Liebschaften, die eine Ehe ihrer Ansicht immer mit sich bringen muss, vor, auch wenn sie dadurch manchmal der Einsamkeit erliegen. Auch in den, unter dem Pseudonym ‚Jane Somers' veröffentlichten, Romanen „Das Tagebuch der Jane Somers" und „Die Liebesgeschichte der Jane Somers" illustrierte Doris Lessing eine authentische, emanzipierte Frauenfigur, die ihr Leben so führt, wie sie es selbst für richtig erachtet. Daran anknüpfend thematisiert Lessing natürlich auch das wohl älteste, komplexeste und beliebteste Thema der Literatur, das die Menschheit seit eh und je beschäftigt hat: Die Liebe.

So trauert Anna noch immer um Michael, für den sie jedoch nur eine Affäre war. Auf der anderen Seite zeigt Lessing auch die Konsequenzen fehlender Liebe und mangelnden Verständnisses für die Eltern-Kind-Beziehung von Molly und Tommy auf, nämlich zunehmende Distanzierung auf beiden Seiten. Diese größtenteils unerfüllten Liebessehnsüchte werden auch in Büchern wie „Eine afrikanische Tragödie", „Und wieder die Liebe" und „Alfred und Emily" illustriert und schlagen eine Brücke zu dem psychologischen Aspekt, den die Schriftstellerin nur unterschwellig anklingen lässt, indem sie der Protagonistin Anna gewisse Minderwertigkeitskomplexe zuschreibt, die mit anderen Umständen dazu führen, dass die Figur zuletzt einen Zusammenbruch - physisch wie psychisch - erleidet. Eine derartige Innensicht auf die Gefühle und Psyche einer Figur haben wir auch in „Das fünfte Kind", in dem das unerwünschte, ausgestoßene, fünfte Kind im Mittelpunkt steht.

Auch auf politischer Ebene sorgt Doris Lessing für Gesprächsstoff. Ihre kommunistisch-sozialistische Grundhaltung merkt man vielen ihrer Bücher an. In „Das Goldene Notizbuch" ist sie sogar mehr als offensichtlich, da sie die beiden Protagonistinnen als ehemals aktive Marxistinnen konstruiert hat, die ihren Kindern und der gesamten Umgebung sozialistische Grundideen und Lebenseinstellungen zu vermitteln suchen. Diese linkspolitische Gesinnung wirkt sich auch auf Annas Tätigkeit als Schriftstellerin aus, da sie es vermeiden möchte, etwas zu schreiben, das nicht ‚relevant' genug sein könnte. Sie schafft es nicht, einen zweiten Roman zu verfassen, obwohl sie Stoff für fünfzig hätte[32], weil sie befürchtet, dass all ihre Gedanken und Gefühle derartig nichtig erscheinen und in den Hintergrund treten müssen, wenn man das Elend, die Armut und die Ungerechtigkeit auf der ganzen Welt vor Augen hat. Doch würde man diesen Ausführungen folgen, müsste man akzeptieren, dass es keine Art von Kunst, ob Film, Malerei oder eben Literatur geben darf, solange nicht alle Menschen auf der gesamten Welt die gleichen Voraussetzungen, Rechte und Pflichten besitzen. Selbst eine Person, die durch und durch von den Ideen des Sozialismus erfüllt ist, muss an dieser Stelle widersprechen. Die Frage nach Gerechtigkeit taucht nochmals in einem anderen Kontext auf; Lessing konzentriert sich nämlich auch auf Afrika und den dort wie überall weiterhin vorherrschenden Rassismus, indem sie ihrer Hauptfigur Anna eine vergangene Phase in einer afrikanischen Kolonie zuschreibt, die die fiktive Schriftstellerin in ihrem ersten und einzigen Roman „Frontiers of War" verarbeitet hat.

2.5 Diskussionspunkte:

Zwei Punkte sind mir bei der Lektüre von dem Vorwort von „Das Goldene Notizbuch" besonders aufgefallen. Zunächst soll hier die immer wiederkehrende Frage nach dem Sinn von Literatur zumindest ansatzweise erörtert werden.

> Ich bin so sicher, daß alles, was wir jetzt für selbstverständlich halten, im nächsten Jahrzehnt vollkommen hinweggefegt wird. [Weshalb also Romane schreiben?][33]

---

[32] Vgl. Lessing, Doris: Das Goldene Notizbuch. S. 101.
[33] Lessing, Doris: Das Goldene Notizbuch. S. 10.

Was treibt die Menschen seit jeher an, Geschichten zu erfinden, sie zu konservieren und diese Fiktionen immer wieder erneut zu lesen, zu interpretieren und schließlich ganze Abhandlungen über die Theorie des Lesens, des Schreibens, des Deutens zu verfassen? Was fasziniert uns so an dem Geschriebenen? Man findet in Lessings Roman keine direkten Antworten auf diese Fragen. Ein, wenn nicht gar DER zentrale Aspekt von Literatur ist ganz subtil, die Abschottung vom Alltag, von der Außenwelt - hinein in eine fiktive Zelle, die uns wie ein Märchenreich erscheinen kann. Genau das vermisst Lessing in der zeitgenössischen Literatur, die dazu verkommen ist, als Dokument für Vergangenes dienen zu müssen. „Wir lesen, *um herauszufinden, was los ist.*"[34] Zunehmend finden wir ein Vergessen, ein Verdrängen des fiktiven Charakters von Belletristik, damit man nach der Lektüre sagen kann: ‚Ach ja, so war es also!' Aber so war es eben nicht. Auch wenn gesellschaftliche, historische und politische Bewegungen und Ereignisse natürlich die Werke ihrer Zeit beeinflussen, ebenso wie der Horizont und das Leben des jeweiligen Autors dies tut, was nicht außer Acht gelassen werden sollte, ist Literatur, ausgenommen Fach-und Sachbücher, niemals als Spiegel der Wirklichkeit zu sehen. Und dennoch sind Geschichten im Stande, dem Leser ein Bild von einer gewissen Zeit zu vermitteln, auch wenn dieses keinen Anspruch auf Vollkommenheit und Wahrheit erheben kann. Letzteres liegt darin begründet, dass es überhaupt nicht möglich ist, eine wahre Geschichte, einen wahren Roman zu schreiben, auch wenn alles auf Tatsachen beruhen sollte. Der entscheidende Punkt hierbei ist die emotionale Motivation. Sobald man eine Geschichte schreibt, und sich fernab der festen Regeln von Reportagen und Dokumentationen bewegt, hinterlässt man subjektive, emotionale Spuren, die jeglichen Anspruch auf Wahrheit zunichte machen.[35] Warum also Romane schreiben? Die Faszination an Literatur, sowohl am Schreiben als auch am Lesen kann nicht gemeingültig, normativ festgelegt werden, da sie, wie alles, was in Verbindung mit Literatur steht, subjektiv geprägt ist.

Dennoch kann man sagen, dass Literatur unter anderem den Versuch darstellt, der Vergänglichkeit etwas Kraft zu rauben, sich ihr entgegen zu stellen; und weiter, persönliche Erfahrungen zu verarbeiten, die eigene Sicht auf die Dinge mitzuteilen.

Die zweite Stelle, die meine Aufmerksamkeit in besonderer Weise erregte, ist die Schlussbemerkung Lessings im Vorwort.

---

[34] Ebd. S. 101.
[35] Vgl. Ebd. S. 104.

Daß es nämlich kindisch von einem Schriftsteller ist, zu wollen, daß die Leser sehen, was er sieht, daß sie die Form und die Aussage eines Romans so verstehen, wie er sie versteht [...] denn der Moment, in dem Form und Entwurf und Intention verstanden sind, ist auch der Moment, in dem nichts weiter herauszuholen ist.[36]

Wirft Lessing alles bisher Gesagte hier über den sprichwörtlichen Haufen? Hat sie nicht ein paar Seiten zuvor noch beklagt, dass sie „Das Goldene Notizbuch" nicht nur als Dokument der Frauenbewegung verstanden wissen will. Vielmehr hat sie die Leser dazu aufgefordert, die Ganzheit zu erkennen, anzuerkennen und mehrere Sichtweisen während des Lesens einzunehmen. Und nun sagt sie, dass es ‚kindisch' sei, zu wollen, dass der Leser genau das gleiche wie der Autor sieht. Beide Standpunkte widersprechen sich nur auf den ersten Blick, doch bei genauerer Überlegung wird deutlich, dass Doris Lessings Ansprüche an den Leser ganz klar einhergehen mit dem Erwartungsbild, das sie für Schriftsteller konstruiert. Sie geht immer wieder darauf ein, dass der Leser möglichst das Ganze betrachten und sich nicht auf einen einzelnen Aspekt in einem Buch konzentrieren sollte; gibt jedoch gleichzeitig zu, dass der Umfang dessen, was der einzelne Leser erkennen und deuten kann, individuell verschieden, da abhängig vom persönlichen Leserhorizont ist. Dementsprechend erscheint es auch vollkommen einleuchtend, wenn sie zu Ende noch einmal klarstellt, dass kein Schriftsteller erwarten kann oder wünschen sollte, dass auch nur ein einzelner Leser sein Buch bis ins Detail so versteht wie er es selbst verstanden hat. In dem Moment, in dem der Autor ein Buch beendet hat, ist es für ihn genauso ein Rätsel, das es zu deuten und zu entschlüsseln gilt, wie für die Leser. Deshalb wird er, der Schriftsteller, immer wieder neu über sein Werk reflektieren, neue Sichtweisen einnehmen, Dinge erkennen, die er so gar nicht intendiert hat und sicherlich auch gewisse Betrachtungen von außen ablehnen. Wenn Form, Entwurf und Intention verstanden sind, dann gibt es kein Geheimnis mehr. Das Beste an Literatur ist jedoch, dass man **nie** vollkommen überzeugt sein kann, dass man alles an einem Buch verstanden hat, denn es ergeben sich immer neue Blickwinkel. Aus diesem Grunde wird auch nie ein Werk ganz verloren gehen.

---

[36] Lessing; Doris: Das Goldene Notizbuch. S. 26 f.

3. Anhang:

3.1 Literaturverzeichnis:

- Kant, Immanuel: Beantwortung der Frage ‚Was ist Aufklärung?'. In: Bahr, Ehrhard: Was ist Aufklärung? Thesen und Definitionen von Kant, Erhard, Hamann, Herder, Lessing, Mendelssohn, Riem, Schiller, Wieland. Ditzingen: Reclam 1986.
- Kimmich, Dorothee et. al.: Texte zur Literaturtheorie der Gegenwart. Stuttgart: Reclam 1996.
- Lessing, Doris: Das Goldene Notizbuch. Frankfurt am Main: Fischer 1998.

3.2. Quellenverzeichnis:

- Internetquellen:

  Borcholte, Andreas: „Warum mögen sie mich jetzt mehr als vorher?" Lessings Reaktion. In: Spiegel Online 2007. www.spiegel.de/kultur/literatur/0,1518,510965,00.html (28.11.2009)